AF327872

ASSOCIATION

DU PAS-DE-CALAIS

CONTRE

LA PROPAGANDE SOCIALISTE

ET POUR

L'amélioration morale des Populations.

—❦—

STATUTS ET RÉGLEMENT.

—❦—

ARRAS. — TYP. E. LEERANC ET COMPAGNIE RUE DES AGACHES, 190.

1850.

ASSOCIATION DU PAS-DE-CALAIS

CONTRE

LA PROPAGANDE SOCIALISTE

ET POUR

L'AMÉLIORATION MORALE DES POPULATIONS.

Arras, le 6 décembre 1849.

A Monsieur le Préfet
du département du Pas-de-Calais.

MONSIEUR LE PRÉFET,

Les soussignés ont l'honneur de solliciter de vous l'autorisation de fonder à Arras, pour le département du Pas-de-Calais, une association dont voici les statuts :

ARTICLE PREMIER. Une association est formée dans le département du Pas-de-Calais pour défendre les principes sur lesquels repose la société, sous le titre d'**Association contre la Propagande socialiste et pour l'Amélioration morale des populations.**

Son but est le même que celui de l'association déjà autorisée à Paris **pour la propagande anti-socialiste.**

ART. 2. L'association est représentée par un comité général et administrée par un comité de direction.

ART. 3. Le comité génér l est composé de membres du comité de direction et des délégués de s comités d'arrondissement.

ART. 4. Il est formé dar s chaque arrondissement un comité qui se compose également d'un cer ain nombre de membres et de correspondants pris dans les cantons. Chaque comité d'arrondissemeut délègue trois de ses membres pour f aire partie du comité général.

Art. 5. Le comité général examine toutes les questions qui lui sont soumises par les autres comités, auxquels il renvoie, pour les approuver, les décisions qu'il croit devoir prendre dans l'intérêt de tous.

Art. 6. L'association du Pas-de-Calais fait appel, par l'organe de ses divers comités, à toutes les souscriptions, quelque minimes qu'elles soient. Les souscriptions sont collectives ou individuelles.

Daignez agréer l'assurance des sentiments de haute considération avec lesquels nous avons l'honneur d'être,

Monsieur le Préfet,

Vos très humbles serviteurs.

Ont signé MM. Arnoust, premier adjoint à la mairie d'Arras ; Boutry, membre du conseil géneral ; de Bryas, représentant ; B. Dauchez, avocat et secrétaire du comité supérieur de l'instruction primaire ; Daverdoing, avocat ; Delavallée, membre du conseil municipal d'Arras ; Douai, représentant ; Dupont-Delporte, représentant ; Esnault, ancien député ; Francoville, représentant ; Fréchon, représentant ; Gros, représentant ; de Hauteclocque, membre du conseil municipal d'Arras ; d'Havrincourt, représentant ; d'Herlincourt, ancien député, membre du conseil général ; Hubert, propriétaire ; Lantoine-Harduin, ancien représentant, membre du conseil général ; Legros-Devost, représentant ; Lequien, représentant ; Leroux du Chatelet, maire de la commune de Rœux ; J. Lobez, capitaine de la garde nationale ; Martel, représentant ; Moncomble, négociant ; de Montigny, représentant ; Plichon, maire de la ville d'Arras, représentant ; Prevost, maire de la ville de Bapaume ; N. Proyart, membre du conseil général ; Proyart, chanoine d'Arras ; Renard de Songnis, membre du conseil municipal ; Thellier de Sars, ancien président du tribunal d'Arras ; Thiébault, maire de la commune de Beaurains ; Wartelle de Retz, représentant ; Ch. Watelet, maire d'Anzin-Saint-Aubin ; Louis Watelet, ancien magistrat.

Par décision du 19 décembre 1849, M. le Ministre de l'intérieur a accueilli la demande qui lui a été faite, et a accordé l'autorisation en ces termes :

Le Ministre de l'intérieur au Préfet du Pas-de-Calais.

Paris, le 19 décembre 1849.

MONSIEUR LE PRÉFET,

Le dix de ce mois, vous m'avez communiqué et vous avez soumis à mon examen les statuts d'une société

qui se forme à Arras, pour la propagande anti-socialiste et dans le but de combattre, par tous les moyens
légaux, le fâcheux effet des doctrines anarchiques.

J'ai reconnu que cette association avait un but
utile et que ses réglements ne renfermaient rien de
contraire aux lois. En conséquence, et conformément
à votre avis, je consens à accorder l'autorisation que
les fondateurs réclament.

Veuillez, je vous prie, Monsieur le Préfet, porter
cette décision à la connaissance des personnes qu'elle
intéresse.

Était signé F. BARROT.

Pour extrait conforme.

Pour le Préfet,

Le conseiller de préfecture délégué.

Signé LECESNE.

RÉGLEMENT

DE L'ASSOCIATION

Formée à Arras et dans le département du Pas-de-Calais

CONTRE

LA PROPAGANDE SOCIALISTE

ET POUR

L'AMÉLIORATION MORALE DES POPULATIONS.

ARTICLE PREMIER.

Les fondateurs de l'association contre la propagande socialiste et pour l'amélioration morale des populations ont résolu de conserver, pour la formation de leur société, les élémens et les bases qui ont servi de fondement au comité central électoral.

En conséquence, d'après ce principe et suivant une égale proportion, tous les amis de l'ordre, tous les bons citoyens qui mettent l'amour du bien public au-dessus de leur opinion politique individuelle, seront appelés à faire partie de l'association et à composer le comité de direction, dont il est parlé à l'article 2 des statuts.

ART. 2.

Le nombre des membres titulaires du comité de direction est provisoirement fixé à trente-trois, non compris MM. les représentants et membres du conseil général de l'arrondissement d'Arras actuellement en exercice, lesquels font de droit partie du comité. Ce nombre pourra être augmenté après une délibération à laquelle devront concourir les trois quarts au moins des membres titulaires existants au moment où la demande d'augmentation sera faite.

ART. 3.

Les adjonctions auront lieu sur présentations faites conformément au principe d'exacte proportion qui sert de base à la constitution de l'association.

ART. 4.

Tous les membres du comité de direction et chacun de ceux qui seront admis par la suite, devront signer, sur un registre à ce destiné, l'engagement de se conformer aux statuts et au réglement de la société.

ART. 5.

Toute décision sera prise à la majorité de 12 voix au moins, et tout vote revêtu de la sanction de cette majorité engagera chacun des membres du comité, tant qu'il appartiendra à l'association ; toutefois les décisions ne seront exécutoires que lorsque la moitié des membres titulaires aura pris part à la délibération. — Les membres titulaires, absents ou empêchés, doivent se faire représenter par un autre membre de l'association porteur d'un pouvoir spécial à cet effet.

ART. 6.

Pour rendre plus active l'exécution des mesures à prendre, il sera formé un bureau de six membres lesquels seront choisis par le comité de direction et dans son sein, au scrutin secret, de telle sorte que la composition proportionnelle de ce comité se trouve reproduite dans le bureau. Chacun des membres du bureau exercera à son tour la présidence du comité de direction, suivant un ordre de roulement qui sera fixé entre eux.

ART. 7.

Le bureau est chargé de provoquer les réunions du

comité de direction, soit d'office, soit sur la demande qui lui en serait faite par cinq membres au moins dudit comité. Excepté dans le cas d'urgence déclarée par l'assemblée, toute proposition est renvoyée à l'examen préalable du bureau, qui la soumet ensuite avec son avis au comité de direction : le tout sans préjudice du droit d'initiative, qui lui appartiendra toujours. L'exécution des mesures adoptées lui est confiée.

ART. 8.

Les séances du bureau sont hebdomadaires. Elles seront présidées à tour de rôle par chacun des membres qui le composent. Si l'un d'eux est empêché, il devra se faire remplacer par un de ses collègues du comité de direction qu'il désignera.

ART. 9.

Le bureau fait choix d'un secrétaire et d'un trésorier dont les fonctions sont annuelles. Le secrétaire est nécessairement l'un de ses membres. Le trésorier peut être pris hors de son sein, parmi les membres du comité de direction.

Lorsque l'ordre de roulement appellera le secrétaire à présider le bureau ou le comité de direction, le bureau désignera un autre de ses membres pour faire fonction de secrétaire.

Le secrétaire est chargé de la rédaction des procès-verbaux des séances du comité de direction et des assemblées du bureau. Deux registres distincts sont ouverts à cet effet. Les procès-verbaux des réunions du bureau seront signés par tous les membres qui y auront pris part, ceux des séances du comité de direction seront signés par le membre du bureau qui aura présidé la séance et par le secrétaire.

Le trésorier est chargé de la comptabilité. Il reçoit le produit des souscriptions, des dons volontaires et des amendes. Il rend compte de l'état de la caisse toutes les fois que le bureau le demande. Dans la seconde quinzaine de juin, il soumet au comité de direction un état régulier de situation, et dans la seconde quinzaine de décembre il rend au même comité un compte général de toutes les opérations de l'année. — Aucune dépense ne sera acquittée par le trésorier que sur un bon visé par trois membres du bureau.

ART. 10.

Dans une assemblée qui aura lieu chaque année, dans la seconde quinzaine de décembre, le comité renouvellera la moitié des membres de son bureau conformément aux bases qui ont servi à sa constitution primitive. Les noms des membres sortant la première année seront tirés au sort. Ces membres pourront être réélus.

ART. 11.

Les comités pourront, lorsqu'ils le jugeront convenable, nommer des commissions spéciales pour l'examen de certaines questions. On observera dans leur composition la proportion suivie pour l'organisation du comité de direction et de son bureau.

ART. 12.

Il sera désigné dans chaque canton de l'arrondissement d'Arras, et autant que possible en observant la règle rappelée par l'article précédent, un certain nombre de membres correspondants, lesquels seront affiliés au comité et chargés par lui d'étendre son action dans leurs localités par tous les moyens qui seront en leur pouvoir. — Ces correspondants se mettront en rap-

port avec le comité toutes les fois qu'ils le jugeront nécessaire ; et, lorsque le comité le croira utile, ils seront
priés de se rendre dans son sein.

ART. 13.

Pour rendre plus régulier et plus efficace le con-
cours que le comité d'Arras désire obtenir dans les cantons de l'arrondissement, il déléguera, pour chacun de
ces cantons, quelques-uns de ses membres, qui seront
chargés de se transporter, au moins une fois tous les
trois mois, dans le canton à eux assigné. — Ils s'en-
tendront, pour fixer le jour de leur visite, avec les membres correspondants dudit canton.

ART. 14.

Le comité de direction, dès qu'il sera constitué,
s'efforcera, soit par correspondance, soit par l'envoi
de plusieurs de ses membres, de fonder dans chaque
arrondissement du département du Pas-de-Calais,
avec l'aide de MM. les représentants qui ont signé la
demande en autorisation, des comités analogues à celui d'Arras. Ces comités adopteront les bases qui leur
conviendront davantage et qui seront le mieux ap-
propriées aux besoins de chaque localité ; cependant
ils s'efforceront de se rapprocher le plus possible de
la constitution du comité de direction. Ils se tiendront
en rapports constants avec celui-ci.

ART. 15.

Chaque comité d'arrondissement choisira dans son
sein trois délégués qui auront pour mission de se ré-
unir à Arras, siége de l'association désigné par l'autorisation ministérielle, toutes les fois qu'il y aura lieu
de convoquer le comité général de département. Ces

délégués pourront, en cas d'empêchement, transmettre leurs pouvoirs à des mandataires spéciaux , qui devront toujours être pris parmi les membres de l'association. — Les délégués ou mandataires ne pourront jamais disposer que de leur voix personnelle.

ART. 16.

Le comité de direction est en même temps comité d'arrondissement pour Arras.

ART. 17.

Le comité général de département se compose :

1° Des membres du bureau de direction comme représentant de droit l'association ;

2° Des délégués des six comités d'arrondissement, ou de leurs mandataires mentionnés à l'article précédent, au nombre de trois pour chaque comité ;

3° De tous les représentants du département du Pas-de-Calais actuellement en exercice.

ART. 18.

Le comité général est convoqué par le bureau de direction, soit d'office, soit sur la demande de l'un des comités d'arrondissement.

ART. 19.

La convocation du comité général est obligatoire toutes les fois qu'un ou plusieurs arrondissements peuvent avoir un intérêt distinct dans une question à débattre.

ART. 20.

Pour chacune de ses sessions le comité général nomme dans son sein un président, un vice-président et un secrétaire.

ART. 21.

Toutes les décisions du comité général seront prises à la majorité absolue des membres présents.

ART. 22.

Toutes les décisions prises par le comité général seront renvoyées, pour être approuvées, aux comités d'arrondissement. S'il y a opposition de la part d'un ou plusieurs d'entre eux, le comité général examine de nouveau la question, et la décision prise à la suite de cette seconde délibération est obligatoire pour tous les associés ; mais il faudra que les deux tiers au moins des membres du comité général aient pris part à cette délibération. — MM. les représentants ne seront pas comptés dans la supputation de ces deux tiers.

ART. 23.

Afin d'étendre davantage son action, le comité de direction pourra s'adjoindre un certain nombre de membres qui prendront le titre de membres honoraires. Ils seront admis sur présentations en observant la même proportion que pour le choix des membres titulaires.

ART. 24.

Le comité de direction, soit de son propre mouvement, soit sur l'avis du bureau, (qui pourra lui-même y être provoqué par la demande de cinq titulaires au moins), aura la faculté d'appeler les membres honoraires à participer à ses travaux avec voix délibérative.

ART. 25.

L'association, représentée par son comité de direction, s'occupera activement de recueillir l'adhésion de tous les citoyens qui ne feraient pas partie de son organisation ; et, dans ce but, il sera ouvert une souscription volontaire à laquelle chacun sera appelé à concourir dans quelque faible proportion que ce soit.

L'association recevra aussi tous les dons particuliers qui lui seront faits, soit collectivement soit individuellement, pour atteindre le double but qu'elle se propose.

ART. 26.

Il ne sera imposé aux membres du comité aucune cotisation forcée : il suffira qu'ils prennent part dans la proportion qu'ils fixeront eux-mêmes à la souscription dont il est parlé dans l'article précédent.

ART. 27.

Des distributions de brochures, journaux et autres publications, auront lieu, dans le département, par l'entremise directe ou indirecte du comité de direction, sur la demande des comités correspondants ; ces distributions seront faites aux frais de chaque comité d'arrondissement, qui, à cet effet, restera détenteur des fonds spéciaux que la souscription aura produits dans l'arrondissement même.

ART. 28.

Tous les membres de l'association, quelle que soit la catégorie à laquelle ils appartiennent, excepté ceux qui n'en font partie qu'à titre de représentants ou de membres du conseil général, sont tenus d'assister ou de se faire représenter aux séances pour lesquelles ils auront été convoqués. Toute infraction à cette obligation sera passible d'amendes fixées ainsi qu'il suit.

1° Un franc d'amende pour manquement aux assemblées du bureau ;

2° Un franc d'amende pour défaut de présence aux réunions du comité de direction.

Ces amendes seront perçues par le trésorier, suivant la note qui lui sera donnée par le bureau ; elles augmenteront la masse des fonds dont l'association pourra disposer.

Art. 29.

Sera condamné aux mêmes amendes tout membre qui quittera l'assemblée dont il fait partie, avant la fin de la séance, sans en avoir obtenu l'autorisation du président.

Encourront une amende double, avec inscription au procès-verbal, les membres dont la sortie, non autorisée au moment d'un vote, aurait pour effet d'entraver la délibération.

Cette dernière peine sera applicable au membre, qui, sans justification, aurait manqué à trois séances consécutives.

Art. 30.

Si, dans le délai de deux mois, aucune excuse valable n'est présentée au bureau, qui en sera juge, l'amende sera irrévocablement prononcée.

Art. 31 ET DERNIER.

Aucune modification au présent réglement ne pourra avoir lieu qu'après l'examen préalable, par le bureau, de la proposition qui en serait faite, et après deux délibérations successives du comité de direction à huit jours au moins d'intervalle. Il sera nécessaire que les deux tiers des membres titulaires prennent part à la seconde délibération.

Fait et arrêté à Arras le 14 janvier 1850

(Suivent les signatures des membres du
Comité de direction.)

MM. ARNOUTS, premier adjoint à la mairie d'Arras ;
BOISTEL (Amédée), propriétaire ; BOUCHER (Napo-
léon), maître serrurier, entrepreneur ; BOUTRY,
membre du conseil général du canton de Carvin ;
BRONGNIART-PREVOST, propriétaire, capitaine de la
garde nationale d'Arras ; COULON-SAVARY, propriétaire ; DAMIENS-DUFOUR, propriétaire, entrepreneur ;
DAUCHEZ, avocat, secrétaire du comité d'instruction
primaire ; DAVERDOING, avocat ; DE HAUTECLOCQUE,
membre du conseil municipal d'Arras ; DEHÉE-BOL-
LET, négociant ; DEHÉE-CAYET, négociant ; DELAVAL-
LÉE, propriétaire, membre du conseil municipal
d'Arras ; ESNAULT, ancien député ; GOTTRAN-LOBEZ,
propriétaire, maître de forges ; HOVINE (Louis),
membre du conseil d'arrondissement d'Arras ; HU-
BERT-LEFEBVRE, propriétaire ; LEROUX DU CHA-
TELET, ancien officier de cavalerie, maire de Rœux ;
LEROUX DE PUISIEUX, propriétaire ; LEPLANT, maître
serrurier, entrepreneur ; LESCARDÉ, médecin ; LO-
BEZ, capitaine de la garde nationale d'Arras ; MON-
COMBLE-TRANNIN, négociant ; PLANQUE, chanoine
d'Arras ; PREVOST DE WAILLY, maire de Wailly ;
PROYART, chanoine, membre du conseil municipal
d'Arras ; RENARD-DESONGNIS, capitaine des pom-
piers, membre du conseil municipal d'Arras ; STIVAL,
médecin ; THELLIER DE SARS, ancien président du
tribunal civil d'Arras ; THIÉBAUT, maire de Beaurains ; Ch. WATELET, maire de St.-Aubin-Anzin ;
Louis WATELET, ancien magistrat.